낙타경

빛남시선 169

낙타경駱駝經

김 정 호 제11시집

빛남출판사

• 여는 글

창문을 노크하는
바람 소리마저 사라진
한여름 오후의 침묵

베란다 밖은
평생 퍼마셔도
줄어들지 않을 것 같은
청청靑靑 하늘

내, 시가
아픈 이유다

그런 오늘
시원한 비라도 내렸으면

2025년 夏下 미석산방에서

김정호

여는 글 • 5

1부   풍경 달다

숲의 유혹 - 불면증 • 13
위험한 입춘 • 14
인력사무소 • 15
불청객 • 16
구조 조정 • 18
난춘難春 • 19
달을 사다 • 20
포커페이스 • 22
잃어버린 이름 • 24
복상사腹上死 • 26
낙타경經 • 27
풍경 달다 • 28
비문증飛蚊症이거나 • 30
손금 보는 여자 • 31
어떤 이력서 • 32
백수 연습 • 33
신풍속도 • 34
마른장마 • 36

2부 ─ 눈부신 햇살로 오세요

- 부자가 다는 아니라니까 – 모란꽃 • 39
- 늘 풍요로운 당신 – 접시꽃 • 40
- 처음 만난 그때처럼 – 대추꽃 • 41
- 영원한 이별 – 목련 • 42
- 검은 사리 품은 – 맨드라미 • 43
- 이 바람둥이 놈아 – 밤꽃 • 44
- 한결같은 믿음 – 도라지꽃 • 45
- 태양이 되는 꿈 – 사과꽃 • 46
- 마른 눈물로 핀 – 돌단풍 • 47
- 삼천리강산 – 무궁화 • 48
- 같은 세상을 꿈꾸다 – 꽃무릇 • 49
- 향기는 팔지 마세요 – 매화 • 50
- 당신만 바라보다 지친 – 해바라기 • 51
- 유년의 추억 – 감꽃 • 52
- 못다 이룬 사랑 – 상사화 • 53
- 전설이 된 – 찔레꽃 • 54
- 양반 가문은 아니지만 – 개망초 • 55
- 지금까지 잘 견뎌왔잖아 – 겨우살이꽃 • 56

3부 ·············· 가짜 뉴스

올해의 다짐 • 59
왜, 그러게 내가 뭐랬어 • 60
고희古稀 • 63
거리를 수색하다 • 64
가짜 뉴스 • 66
네발나비와 검은과부거미 • 68
달빛에 젖다 • 70
허황된 자본주의 – 라일락꽃에게 • 71
세사상반世事相反 • 72
깨죽 • 73
영웅 만들기 • 74
꾼들 • 76
명당 • 79
이제 이별하기로 했다 • 80
결빙기 • 82
편지 • 84
늦은 약속 • 85
난전亂廛 아닌 난전難前 • 86

4부 봄 한가운데로 걸어 들어온 꽃상여

북항의 아침 풍경 • 89
종합검진 소견서 • 90
부르주아 시인이라고 • 92
당랑권螳螂拳 • 94
찰 빨대들 – 그들이 사는 방식 • 96
거시기 • 97
읽어 주지 못한 동화 • 98
덤 • 100
오체투지 • 102
이제 돌아갈 때가 되었구나 • 103
봄 한가운데로 걸어 들어온 꽃상여 – 벚꽃 • 104
보청기 하나 놓아 드릴까요 • 106
복세편살 • 108
손 없는 날 • 110
거북이 사는 곳 • 112
괴물이 되어가는 과정 – SNS • 114
화순 고인돌 • 116
허풍 즈음 • 118

해설_自己 詩에 대한 성찰과 방향
비수를 품은 채 세상의 어둠을 투시하지 않겠다 • 121

1부

풍경 달다

숲의 유혹
- 불면증

'노후 불안'이라는 진단을 받은 후
잠 못 이루는 날이 잦아졌다

이런 날이면
깊은 편백 숲으로 들어가
어둠 한 채 펴고 누우면
심장까지 속속 스며드는 편백 향좀
이게 도리어 병이 되었는지

이건,
사랑도 고집도 드센
방황했던 스무 살 무렵
빈 가슴 속에 나붓댄
바람기입니까

아니면
서걱거리는 달빛을 기다리다 지쳐
잠 못 이룬
그리움입니까

위험한 입춘

시샘 많은 바람은 매섭고
가끔 눈발도 흩날리는데
장독대 옆 울타리 노랗게 물들어
봄님이 오셨는가 싶어
서둘러 동구 밖에 마중 갔더니
꽃소식은 당당 멀었고
어젯밤 쏟아진 별똥별 무리
하늘로 돌아가지 못하고
바짝 물오른 개나리 우듬지 끝
노랑 엽서 한 장
달랑
입에 물고
포로시

매달려 있다

인력사무소

은하 빌라 608호 외국인 노동자
아침도 거른 채 서둘러
숙소 옆 인력사무소에 나가보지만
봉고차 안 검은 선글라스를 쓴 사내
다른 노동자 몇 명만 손가락으로 호출하여
매서운 바람만 남겨 놓고 횡허케 떠났다
오늘처럼
선택받지 못한 날이 잦아지면
고국에 있는 아내와 아이들은
별빛 쏟아지는 언덕 아래 쪼그려 앉아
어김없이 철 감기를 앓아야 한다
차가 떠난 후 한참 동안 기다려도
선택받지 못한 하루의 무위無爲
옆 공사장 모닥불에 젖은 몸 말리며
온기 사그라진 드럼통을 휘저어 본다
컵라면 하나로 주린 배 채운다
그래도 가시지 않는 허기

빈 하늘을 껴안는다

불청객

　새벽 네 시
　불청객이 찾아왔다

　삼십 년 전 같이 근무한 이름마저 희미한 동료 아들의 결혼 알림 문자 곧바로 눈과 귀가 닫힌 조용한 방으로 안내 후 마음도 편히 눕고 싶은데 잠시 후 일면식도 없는 동창생 장인 부고장이 강도 높은 지진파 진동처럼 덮쳐와 잠을 말린다

　매듭 풀린 잠이 흐물거려 팔을 늘려 진동 소리마저 차단해 보지만, 접은 폰 사이로 낑낑대는 불빛을 지우지 못해 반쯤 감긴 눈을 뜨고 흐릿한 문자를 보니 다시 얼마 전 등단한 노老 문객들 하나같이 새벽잠을 놓쳤는지 아니면 시침時針 보는 것을 망각했는지 시도, 글발도, 그렇다고 앞으로 희망이나 구제받을 수 없는 모국어가 수시로 대오를 이루며 지옥행을 예약한 티켓처럼 순서를 기다리고 있다

미치고 환장할 일이다

스마트폰을 변기통에 집어 넣고

다시 부족한 잠을 부른다

구조 조정

사장은 이른 아침부터
은행 대출 창구 앞에 앉아
연신 손금을 지우고 있고

얼마 전 취직한 아들
영혼까지 끌어모아 산 아파트
지하실 바닥을 뚫는데
내일이면 또 원금과 이자 상환일

그래도 회사를 살리려면
겨울이 오기 전
몸통이 살아남아야만
다음 봄을 기약할 수 있다고
곁가지부터 싹둑싹둑 잘려 나가는데

위태로운 하루가 끝난 퇴근길
제각기 안타까운 사연 품은
문 닫힌 상가 앞 마네킹
거리 위에 목 없는 사람들을
하나둘씩 낚아채
골목 안으로 사라진다

난춘 難春

때 이른 꽃샘추위
막 꽃대를 올린 자목련
파르르 떨고 있다

기어코
하혈을 하였는지
붉은 꽃물 흥건하다

그 모습에 놀라
어젯밤 힘들게
잉태한 봄

허공에
퉁퉁 부은 바람 한 점
인질로 붙들어 놓고
천 리 길을 되돌아갔다

달을 사다

혼자서 막걸리 한 사발 마시며
우연히 경매 방송을 보다가
잠과 졸음 사이를 헤매던 중
갑자기 이게 뭐지
술 취해 호기好氣가 발동했는지
모두 외면한 맹지盲地에 눈 돌아간다
아니 조금 더 정확히 말하자면
경매 나온 땅 한가운데 전봇대 위
머리채 풀고 걸려 있는 달이 탐나
아내도 모르는 비상금을 털기로 했다

언제부터인가 자본주의에 철저하게 물든 나
수십 년 세월 찌그러진 철밥통을 차고
돈도 되지 않는 시詩나 쓰면서
내 힘으로 땅 한 평
제대로 된 집 한 칸 장만하지 못해
평생 가장 노릇 한 번 못했는데
어쩌면 이번이 마지막 기회이다 싶다
비록 늘 푸른 나무 한 그루 심을 수 없는
그렇다고 입구조차 없는 쓸모없는 땅이지만

크기를 가늠할 수 없는 달을
덤으로 얹어 넘겨받을 수 있다니
웬 횡재냐 싶다

그렇지 않아도 지구가 곧 만원이 되어
문을 닫게 된다는 소문이 심심치 않게 나돌아
나중 우리 아이의 아이들이
달에서 터 잡고 살아도 좋겠다고 생각하니
이참에 가족에 조금이나마 체면이 서는 것 같아
생각만 해도 절로 웃음이 샌다

내 몸 불타 땅속에 갇히기 전
덤으로 딸려 온 달에
나만의 미지의 세계를 건설하는 동안
테슬라 최고경영자 일론 머스크가
달러 가득한 가방과 비트코인 지갑을 들고 와
달 몇 평만 분양해 달라 애원해도,

어림 반푼어치도 없는 줄 알아라

포커페이스

1.
명암이 각색되지 않은 얼굴
붉은 거미 한 마리 키우고 산다
어쩌면 이번이 마지막 무대
미간의 주름조차 움찔하면 안 된다
어떤 은밀한 눈빛으로 유혹해도
헤픈 웃음은 절대 금기다
혼돈과 거짓으로 가득한 광기 어린 세상
날카로운 이빨을 드러내는 것도 안 된다
이별을 예고하는 차디찬 말씨에도
아무 말도 듣지 못한 것처럼
절대 흔들리면 안 된다

2.
불면과 숙면의 경계도 구분하지 마
지구의 자전과 공전이 바뀌어도
가슴 속 비밀 토해내지 마
잘난 척 아는 척도 하지 마,
앞에 나서는 것도 하지 마

그냥 미친 척, 바보인 척 살아
귓가를 스치는 바람 소리에도 애써 태연해
그래 척, 척, 마, 마
어차피 세상에 정의는 없어

그래야
위선의 봄을 몇 번 보낸 후
너에게 닿을 수 있어

잃어버린 이름

애기나팔꽃 시들어질 무렵
더는 그 이름을 부를 수 없었다
몇 번의 계절이 바뀌어
자식들 제각기 짝을 지어 곁을 떠날 때도
당신은 무너진 울타리 안에 갇혀
걸어도 걸어도 제자리인 마당을 맴돌며
매번 거절당한 당신의 야윈 이름
허기진 그리움만 배경으로 삼은 채
남은 생을 조금씩 지워내고 있었다

한 번쯤 잃어버린 이름을 찾으려
몸부림치며 담장 밖으로 나올 법도 한데
늘 그랬듯이 체념에 익숙해져
도심으로 떠난 자식들 빈자리에 앉아
수채화 밑그림처럼 희미한 시절 떠올리며
찬비 맞은 굽은 등을 말리고 있다
간간이 헛헛한 미소 토해내고 있다

무서리 내리는 늦은 가을 어느 날

당신의 마지막 계절을 예상이라도 한 듯
힘겹게 따온 쑥부쟁이 꽃씨 한 줌
개밥바리기 별 가장자리
조심스럽게 흩뿌리고 있었다

복상사腹上死

아파트 아래 텃밭
호박 꽃무덤 속 꿀새 닮은
꼬리박각시나방 한 마리
부들부들 떨며 죽어가고 있다
마지막 사랑은 서로
목숨을 담보할 수 있어야 허락하는지
아니 심장이 녹아내린 이유
이제 깨달았는지
생을 다하는 순간까지 한몸이 되어 있다

아직 끝나지 않은 절정의 순간
죽음마저 갈라놓을 수 없었던 걸까
분분 흩날리는 꽃가루로 관을 만들고
나방 입에서 나온 분비물로 염을 한다
일탈도 그렇다고 집착도 아닌
저들만의 요란한
절정의 사랑 방식

그래
저곳이 바로

삶과 죽음의 발원지였구나

낙타경經

헐떡이는 태양을 품은 채
스스로 채찍을 후려치며 사막을 걷는다
제 의지하고는 상관없이
제멋대로 이름표를 단 삶의 무게를 지고
모래에 발굽이 박혀 휘청거리는 걸음
가야 할 천 리 길이 위태롭다
목을 축일 물조차 몸에 지니는 것은 사치
사막 한가운데 모래언덕에 주저앉아
바람이 머물렀던 자리만 속절없이 쳐다본다
더러는 풍장風葬으로 사라질 꿈을 꾸지만
히잡 두른 어느 한 많은 여인의 저주가
반세기 동안 등 위로 쏟아졌는지
속 쓰라린 운명의 끈을 놓지 못한다

그래, 여기서 주저앉으면
다시는 일어설 수 없을 것 같아
행장을 단단히 고쳐 매고
핏빛 성근 눈 부릅뜨며 길 찾아 나선다
결코,

뒤돌아보는 일은 없다

풍경 달다

고향 가는 2번 국도변
세월 지나 폐허 되어 가는 집 하나
반쯤 남은 슬래브 지붕 위 먹구름 지나자
귀 시끄러운 동네잔치 벌어졌습니다
우물 옆 떫감나무 위 까치 떼
온 동네 소문 입 모아 퍼 나르고
무너진 툇마루 위 산호랑나비
흥이 났는지 춤사위 요란합니다
장독대 아래 깨진 옹이 속 소금쟁이
가위질하며 호객을 하고 있습니다
마당에는 홀아비바람꽃과 금낭화
청사초롱 옆에 두고 맞절하다 엉덩방아 찧고
문 없는 외양간 옆 기둥에 코뚜레
집 나간 송아지를 기다리다 지쳤는지
게으른 하품을 하고 있습니다
처마 아래 이 빠진 아궁이 속
고양이 한 마리 졸면서 꼬리 흔들고
반쯤 쓰러진 울타리 위 피죽바람
철통같은 보초를 서며

기다림이란 늘 이런 듯
오래전 고향 떠난 집주인을
하염없이 기다리고 있습니다

비문증飛蚊症이거나

 별이 되고 싶을 때가 있었다

 아름드리 배롱나무 꽃핀 빈집에 소리 없이 내려앉아 닫힌 적막 사이 별이 되어 골목길을 밝히면 몇 해 전 도회지로 떠난 그 아이가 그 길 따라 돌아올 것 같았다
 오래전 일이다

 오늘도 배롱나무 꽃불 터진 소리에 눈 감아 보는데
 수많은 검은 별
 깨어진 유리창에 點點점점 스며든다
 밤이 깊어갈수록 배롱나무 꽃잎 신열 돋는다

 바닥 모를 슬픔이 넘쳐흘러
 몸도 마음도 허방 짚는다

 그때도 지금도
 별이 되지 못한 것은

 내, 罪죄가
 큰 탓일 게다

손금 보는 여자

집 근처 학교 앞을 지나다

한 여자의 손에 이끌려 천막 안으로 들어갔네

손금을 본다는 그 여자

왼손바닥을 해바라기꽃처럼 활짝 펴 보라 하네

 엄지와 중지 사이 선명히 박힌 선線을 한참 응시하더니, 지난 삶의 상처 족집게처럼 풀어낸 후 다시 예언서를 펼쳐 보는 남은 생을 술술 읊어 대는데, 내 젊은 날의 삶을 구속한 상처 깊은 옹이들은 숨어서 빛난 별처럼 지금까지 잘 버텨 왔다고, 그러니 남은 생은 눈부신 봄날의 햇살처럼 따뜻할 것이니, 말년 운 하나는 타고났다고

 이것으로 지난 삶을 보상받은 듯 위안이 될까마는
집으로 가는 발걸음
아무런 중력의 저항 없이
구름 위를 걷고 있다

어떤 이력서

이번 생은 이만하면 되었다 싶어
앞으로 여분의 생은
지리산 청학동 서당에서 아이들에게
천자문과 소학小學을 가르치고 싶다 하니
이력서를 제출하라고 한다

40년 철밥통을 내려놓은 후
또 자본주의 집사로 또 몇 년
눈꺼풀 깨워 가며 얻어낸
십여 종의 '士사' 字자 자격증
그동안 발간한 십여 권의 시집과 산문집
차마 거절하지 못한 여러 문학단체 선임장
겉모습 그럴듯한 문학상과 이런저런 수상 경력까지

다 쓰려고 하니
한 장 너머 다음 장까지 빼곡하다 못해 넘친다

이건 아니다 싶어
부질없는 이력 다 지우고
딱 한 줄만 써넣고 왔다

'돌과 사발 감별사'라고

백수 연습

이마에 시곗줄을 달지 않고도
아침마다 창문을 열고
출렁이는 햇살을 마중해야 겠다
평일은 바빠 지키지 못해 지킬 수 없었던
아내의 잔소리를 차단한 미색의 벽
하늘이라고 생각해도 되겠다
주말은 휴일이라 종일 엎드려 있어도
이대로도 좋은 자유와
화해의 손 내밀어도 되겠다
아무리 애써도 허망한 꿈
남은 삶의 여백
애써 채우려 하지 않아도 되겠다
내 평안을 잠재울
아내의 평화를 흔들
산방 옆 남새밭
맨드라미, 접시꽃, 나팔꽃
바람이 물어다 준 이름 모를 풀꽃을 심으며
게으른 꽃비를 불러와도 상관없겠다
우물가 앵두 빨갛게 익어
점점 첫사랑 그녀 입술 닮아 가도
더는 애타지 않아도 되겠다

신풍속도

대오를 이룬 흔한 축하객도
근엄한 주례도 사라진 예식장 풍경
생각이 많은 듯한 신부는
때마침 내리는 빗방울을 목에 걸고
요란한 곱사위에 빠져들고
신랑은 어젯밤 마신 폭탄주에 절어
반쯤 눈을 감고 암벽을 오른다
혼주는 휴먼명조체로 이름표를 단
화환을 배경 삼아 하객을 맞이한다
예식 시간에 늦은 손님
불안한 공기를 내뱉으며
허겁지겁 접수대에 눈도장을 박고
밥 표 두 장 받아 들고
뷔페 안으로 사라진다
이름 없는 초청 가수의 트로트가 시작되자
발정난 자본주의 불빛으로 키워낸
형형색색 꽃과 꽃장식 사이 나비 떼
흔들리는 샹들리에 불빛 따라

어설픈 몸짓으로 날갯짓한다
힘겹게 버틴 하루분의 노동

피로가 천장을 뚫는다

마른장마

몇 달째 계속된 열대야
몸이 점점 타들어 간다
인근 지역에서는
백년 만에 대홍수가 도래하듯
지상의 모든 것을 휩쓸고 지나갔다는 뉴스
연이은 속보로 전해진다

폭염이 절정을 이룬 며칠 전
요양병원 모신 장인어른을 뵙고
숙소로 돌아오는 길
장인어른의 슬픈 표정이
십여 년 이후 내 모습과 겹쳐
후방 카메라 속 배경으로 스며들자
타이어가 자꾸 경계를 넘는다

갑자기 예고도 없는
뇌성을 동반한 폭우 쏟아지자
도로 옆 웅덩이 속 개구리들
목청소리 높여

귀청을 뚫는다

2부

눈부신 햇살로 오세요

부자가 다는 아니라니까
− 모란꽃

고고함인가

아니
지체 높다고
돈 많다고
함부로 나대지 말라고

하긴, 그 잘난
자존심마저 버리면
아무도 너를 못 알아보겠지

자, 그러니
이제, 그만
꿈에서
깨어나시지

당신의 봄날은
이미 지났다니까

늘 풍요로운 당신
- 접시꽃

절구통의 몸매를 닮았다고요
(정말 무례하군요)

그래, 살아온 날들이
죄다 아픈 세월이었지요

앞을 보아도
옆을 둘러보아도

다들 환상적인 몸매와
깊은 향기를 품었더군요

내 속마음 알아주는 것
오직 달님 그대뿐

지금까지 살아왔던 것처럼
앞으로 살아갈 날도
잘 참고 견디겠습니다

자, 오늘부터
금식입니다

처음 만난 그때처럼
– 대추꽃

네 아무리
세상 꽃 중
첫 번째 꽃이라고 하지만
우리집에 시집온 이상

슬하에 자식은
꽃인 듯 햇살인 듯

작은 꽃잎 하나하나
알알이 열매 맺듯

아들, 딸 구별 말고
생기는 대로 쑥쑥 낳는 일이

우리 가문의 오랜 전통이니
명심, 또

명심할지어다

영원한 이별
– 목련

지는 법 모르고
서둘러 봄 마실 나가더니

네, 속마음
알 길 없는 꽃샘추위야

아무런 대안도 없이
마치 정인情人인 듯
푸른 멍 안겨 주고
말없이 떠났지만

기어코 새순마다
하양 눈 가진 아이를
잉태하였네

검은 사리 품은
- 맨드라미

좁은 고샅길에도
고향집 장독에도
어머니
멍든 가슴으로 키워 낸
검은 사금을 품은 꽃

땡볕 쓰러진 여름
혹여, 바람 불세라
아기 새 날갯짓에도

조심
또,

조심하여라!

이 바람둥이 놈아
– 밤꽃

네, 이놈
천하에 몹쓸 바람둥이 놈아

네놈이 햇살 아래
알몸 드러내 놓고
수음질 할 때마다

뒷집 달심이도
앞집 햇님이도

아찔한 상상 속
밤새 잠 못 이루고

도회지로 도망치도록
충동질 한

네, 죄
어찌 모른단 말이더냐

한결같은 믿음
– 도라지꽃

표창장

 당신은 평생 한결같은 마음으로 목구녕이 빳빳한 나리들을 위해 몸과 마음 바쳐 지극정성으로 보살펴 준 공이 지대하므로 이에 표창합니다

 이하 동문

태양이 되는 꿈
- 사과꽃

내 꿈 잃어가면서
몸도 내어 주고
속살도 다 보여 주고

볼 붉게 물들 때까지
애먼 가슴
멍울멍울 허물어져도

한 번도 세상 꽃들 중
으뜸이 되지 못했지만
꽃대 마디마디 희망 꽃 피워
날마다 태양이 되는 꿈을 꾼다

그래,
한 번도 이루지 못한
네 꿈

은도끼로 찍어다 줄까
금도끼로 따다 줄까

마른 눈물로 핀
– 돌단풍

천둥을 품고
번개를 삼켜 가며

아찔한 절벽 틈
마른 눈물로 피어난 꽃

가슴 시려
겹겹이 쌓인 상처
무심히 바다에
툭 던져 놓고

은빛 날개 세워
수평선 저 너머
애탄 섬 하나
불러왔다

삼천리강산
- 무궁화

향기는 없지만
꽃은 화려하지도 않지만

전국 방방곡곡
가족사진 되어
목이 터져라
함성으로 피어난 꽃

번영하여라!
무궁하여라!
승리하리라!

오늘도
삼천리 금수강산
무궁화꽃이 피었습니다

같은 세상을 꿈꾸다
- 꽃무릇

한때 뜨거운 가슴으로
같은 세상을 꿈꾸었지만

영원히 이룰 수 없는
우리 사랑

그러게 별들이 잠들 즈음
아무도 모르는 곳으로

도망가자 했지!

향기는 팔지 마세요
– 매화

무슨 한이 그리 많은지
평생 모진 한파 견뎌 내며
울먹이며 피는 꽃

그래도
향기를 팔지 않겠습니다

가슴에 절대 가시를
품지 않겠습니다

오래전 내 어머니가 말하기를
늘 "매화처럼 기개 있게 살라"는
모국어 가슴에 팍팍 새겨 넣고
제 인생인 양 살고 있습니다

당신만 바라보다 지친
– 해바라기

지난밤
노란 복주머니 하나
뚝 던져 놓고 날마다
하늘만 쳐다보는 당신

그래, 아직
부처님을 뵌 적은 없어요
하느님도 만난 적도 없고요

내가 믿었던 분은
어둠을 밝혀 줄
오직 해님 당신뿐

그런 오늘도
어김없는 당신의 사랑
너무 과해
화려하게 젖으며
당신을 기다리다 지쳐
천형天刑처럼
목이 휘고 말았네요

유년의 추억
- 감꽃

내 유년의

등불을 밝히는

노란 요정들

감았던 눈을 떠 보니

아득하여라

무심한 지난

세월

못다 이룬 사랑
- 상사화

아무리 애가 달아도
마지막 남은
향기마저 잃어버려
더는 당신에게
다가갈 자신이 없네요

그래요
이승에서 못 이룬
우리 사랑
저승에서라도 만나면

그때는 한 번만이라도
나를 사랑했다
말해 줄래요

전설이 된
– 찔레꽃

가슴 속 몰래 감추어 둔
하얀 사연 말하지 못한 채
넋을 놓고 우는 바람의 노래
전설 되어 나부끼고

누구의 가슴 뜯는 혼불이
들꽃으로 피어나
꼭꼭 묻어 둔 애틋한 지난 사연
눈물로 여는 굽잇길

흔적마저 희미한
돌무덤 위에 앉아
새하얀 울음 삼키며
애탄 누이 소식 기다리네

양반 가문은 아니지만
- 개망초

이름도 천해

이곳저곳

허듭시리 피었습니다

이 밤도 더 울지 못해

무심으로 살아갑니다

꽃, 송이송이

노을이 걸릴 때까지

그리움 가득 안고 살아갑니다

지금까지 잘 견뎌왔잖아
– 겨우살이꽃

하늘로 뻗은
자작나무 가지 위

저문 허공
터질 것 같은 고요

평생 고된 노역에도
땅 한 평 갖지 못하고
기약도 없이 떠돌다

비로소 하늘 가장자리
자리잡은 넉넉한 터
우리 보금자리

새들이 떠난 후
하늘을 깔고 눕는다

3부

가짜 뉴스

올해의 다짐

혀 깨물지 못한 말에
더는 상처받지 않겠다
그 혀 다물지 못한 채 풍문에 현혹되면
세상 더 혼란스러워질 수 있으니

지금까지 지나온 길
더는 되새김하지 않겠다
아무리 기억하려 해도 바람마저
그 흔적 찾을 수 없다고 하니

해가 지켜보는 대낮
떨치지 못한 불안 잠재우려고
투명한 빈 잔 더는 채우지 않겠다
비틀거리며 걷는 모습 싫어

다시는 고통 없는 시 쓰지 않겠다
차라리 새들이 찾아오지 않는 숲속
고된 하루의 일당 반납하며
고요히 물들어 가겠다

왜, 그러게 내가 뭐랬어

1.
새벽녘 다급하게 울리는 카톡
무거운 눈꺼풀 흔들어 깨워 보니
희건 선배가 스스로 생의 끈을 놓았다는 부음訃音

가을이면 열한 잎 섬단풍이 절정인
지리산 피아골이 고향인 선배
오래전 같은 사무실에 근무할 때
저녁내기 고스톱판이라도 벌어지면
광 하나 팔면 고향 땅 서넛 평은 살 수 있다고
그런 어느 날 고향에 관광지가 들어선 후
버리다시피 한 천수답이 황금 땅으로 변해
직장을 내팽개치고 수십억대 재력가 되어
슬그머니 고향으로 스며들었다

이따금 풍문으로 들려온 선배의 안부
그 많던 재산은

첫째 아들놈이 온천사업 한다며

사업자금 한 번 대주면
평생 돈 걱정 없이 살게 해 주겠다고 해
절반 뚝 잘라 팔아 주니, 이 소식을 들은 딸
물 건너 공부하러 간 외손주 유학비를 대주면
노후는 자기가 책임지겠노라고
주말마다 찾아와
눈물 콧물 바람 있는 대로 일으키길래
다시 수백 평 전답을 팔아 주었단다

2.
이제 늦둥이 아들 장가만 보내고 나면
살아생전 자기 할 일은 다 한다며
이후에는 아내와 손 마주잡고
한나절은 천왕봉에서 내린 바람 움켜쥐고
또 한나절은 피아골 단풍 위 잠든 햇살 깨워
날마다 하늘 쳐다보며 살겠다고 좋아하더니
몇 해 전 전염병처럼 번진
몹쓸 코로나로 아내 저세상으로 먼저 보내고
겨우 삼시 세끼 홀로 해결하며

산 송장처럼 살았는데

지난해 장가간 늦둥이 아들놈
신축 아파트 사서 선배를 모시겠다고
남은 땅뙈기 죄다 팔아 주었더니
달 지고 해 마르도록, 자식들 죄다
전화는커녕 그림자조차 보이지 않더란다

3.
먼저 떠난 아내에 대한 그리움
냉기 가득한 골방
수수 다발처럼 쌓여만 가고
외로움에 익숙해진 몸
더 초라해질까 두려워
아내의 흔적이 머문
대문 앞 오동나무 속으로
스스로 걸어 들어간 후
나오지 못했다

고희古稀

처서處暑 지나
창밖에 어른거리는 그림자
너인가 싶어 쫓아갔더니
무심한 달빛만 가득하네

뒷산 산마루에 올라 보니
허리 굽은 노송 한 그루
삼키지 못한 그리움 품은 채
상처 다 드러내 놓고 있어

그 세월 풀기 위해
모처럼 찾은 고향
노을빛에 길 떠난 부모님
흔적조차 보이지 않고

돌담을 서성이는 그림자 하나
담장 아래로 쏟아져 내린
별을 훔치다 말고 놀라
홀로 불타고 있네

거리를 수색하다

예보에도 없는 술비 내리자
또 다른 위선이 보일까 봐
버섯처럼 둥근 우산 받쳐 들고
은행잎 몇 장 주워
주머니 속에 깊숙이 쑤셔 넣고
초롱초롱 빛나는 발걸음으로
삼색 보도블록을 수색하며
길을 재촉한다

흐느적거리는 골목
젊은 날의 열정 다 쏟아 낸 거리
후둘거리는 빗줄기에 온몸 젖어
낙엽이 사라진 길 따라
발길 한 걸음씩 옮길 때마다
반 평씩 젖어가는 대지 위
상상 속 내 성城이 쌓였다
이내 허물어지고
풍성한 유년의 추억 더듬어

길 보채어

그대에게 흘러간다

가짜 뉴스

손끝에 눈이 달렸을까
손가락 지문을 지울 때마다
보인다. 보이지 않는다
아니 보이지 않아도 보았다고 하고
보아도 보지 못했다고 한다
힐끔힐끔 쳐다보는 하늘이 휘청거린다
더는 누구도 어쩌지 못해 조장한 위험
스몸비* 지난 곳마다
애먼 유명 연예인이나 정치인이 산다 죽었다
세작細作처럼 아무도 모르게 풀어낸 풍문
오늘은 천 개의 발 달린 말이 되었다
경계도 출구도 없는 산돌림**처럼
열렸다 닫히기를 반복한다
한번 들어오면 누구도
그물을 빠져나갈 수 없다
날카로운 송곳이 이마를 노린다
예보에 없는 비가 정수리에 떨어지자
바람꽃 활짝 피었다

바쁠 것 없는 하루

그림자 없는 달을 끌고 간다

* 스몸비 : 길거리에서 스마트폰을 보며 주변을 살피지 않고 걷는
　　　　 사람들을 이르는 말
** 산돌림 : 옮겨 다니면서 내리는 비

네발나비와 검은과부거미

금정산 고단봉 가는 숲길
밤새워 별을 굴리며 놀던 네발나비
단잠에 취한 채 거미줄에 걸려 발버둥친다
가까이 다가가 거미줄을 떼어 주려는데
솔방울 아래 검은과부거미
며칠째 배곯았는지
나직한 속울음 내뱉으며 칼바람 휘두른다

지금, 내가
나비의 이름 불러주지 않으면
나비는 거미의 식탁 위
초대받지 못한 손님이 되어
거미의 한 끼 식량이 되고

거미의 간절한 외침 외면한다면
거미는 저물어 가는 해 붙들고
배곯아 죽은 애달픈 사연 풀어
세상에 나를 밀고할지 모를 일

처처불상處處佛像이라 했거늘
나비와 거미 부처의 생사여탈권生死與奪權이
천하에 나에게 주어지다니

언제부터인지 절대 선과 악의 경계를
구분할 수 없는 세상
시방, 나
그 누구의 이름도 부를 수 없어

애먼 하늘만 쳐다본다

달빛에 젖다

지리산 산방
수척한 잠 이루지 못하고
몇 줄의 그리움마저 내려놓고
한여름 열기로 몸을 비틀다
벌떡 일어나 뜨거워진 속 달래려
진한 독주를 마시다

마주하는 상대 없어
지나는 삿갓구름 불러다 놓고
다시 술잔을 기울이는데

갑자기 창밖이 소란스러워
창문을 여니
구름에 쫓긴 달빛 한 무리
세월 헤진 품속으로
속절없이 달려든다

허황된 자본주의
– 라일락꽃에게

젊은 날의 내 꿈은
눈을 앗아간 세상
신문쟁이가 되어
어둠을 밝히는 등불이 되고 싶었어
(하긴 요즘 언론의 꼬라지를 보면…… 뭐.)

배고파 야위는
절망에 빠진 사람들을 위해
허황한 자본주의
끄나풀이라도 되고 싶었어
(아니, 자본주의 독재는 아니라고 말했지)

그런 지금
불룩한 배 두드리는
시인이 되고 말았네

어째 좀 쓸쓸하네
째끔, 후회스럽기도 하고

세사상반世事相反

오늘 아침 신문 사회면
무지개를 잡으려다 놓치고
삶이 힘들어지면
애먼 아이들을 품은 채
아파트 아래로 몸을 내던지는데

아프리카 전쟁 난민들
불빛 삼킨 어둠 속
자유를 찾아 주기 위해
철조망 너머로 아이를 내던지고
스스로 죽음보다 더한 포로가 된다

깨죽

어머니 오늘도 배를 바닥에 붙이고
좀처럼 잠들지 못한다
그런데도 그 여자
시멘트처럼 굳은 깨죽 한 그릇
방구석에 던져 놓으며
방문을 채워 놓고
강 건너 밭으로 폭도처럼 사라졌다
그러면 굶주림에 지친 어머니
하루 몇 번씩 냉장고 가죽을 벗겨 보지만
냉장고 속은 일벌만 윙윙거린다
그 소리 커질수록 그 여자
어머니가 치매라 스스로 진단하여
어둠을 살라 방안에 가두어 버렸다
어머니 그렇게 힘들게 버티다
오색 단풍 날리는 날
노을 속에 풍덩 빠져
먼 길 떠나자
고향 집 대문 옆
백 년 넘은 팽나무 뿌리부터
점점 화석이 되어 간다

영웅 만들기

 방송국에 다닌 친구 우민이 태풍 콘파스가 온 날 카메라를 손에 쥔 채 광안리 앞바다에 들어가 나오지 못했다 목소리 굵은 사람들은 순직이다 의로운 죽음이다 모두가 애타게 찾던 이 시대의 영웅이라며 열변을 토하는데
 장례식장 바닥에 제비처럼 앉아 있는 친구들, 우민이 죽기 전 정선 카지노에서 몇 번 보았다고, 다른 친구는 그가 주식으로 수억을 날렸다는 흉흉한 소문만 장례식장 바닥을 쓸고 다닌다

 또 다른 친구들은 아내와 몇 해 전부터 별거 중에도 조상 대대로 물려받은 고향 전답까지 팔아 왔다는 그러고도 넉넉하지 못한 친구들과 직장 동료에게조차 돈을 끌어갔다고 올봄에는 몇 건의 생명보험 계약서에 도장을 박고 이건 분명 순직 아닌 예정된 죽음이라고 그런데 우민이 아내는 화장장 불도 꺼지기 전 한 손에 아이, 다른 한 손에는 부의금 함만 들고 입 삐죽거리며 문상객들에게 인사도 없이 집으로 돌아갔다는데

우민이 무겁게 끌고 온 생 두고 하늘 문 여는 날 영문을 모르는 사람들은 영웅이 죽었다고 애통하여 땅을 치고 친구들은 속마음 보일 수 없어 제 가슴 치고 또 치며 장례식장 바닥을 뒤집는다

꾼들

1.
(거안실업 회장이라는 지인, 어떤 회사냐고 물었더니
집에서 편하게 노는, 즉 居安거안 30년째 백수란다
원래 금수저로 태어났냐고 하니)

민통선 인근 고향 마을에 오래전
화강암 품은 돌 광산이 들어서자
그가 하는 일이라고는
폐석 싣고 나온 차가 집 앞을 지날 즈음
도로 위 발랑 누워 하늘 보고 눈감으면
대기업 사원 반년 치 월급은 족히 챙긴다고
그러면 젊은 여자 옆에 끼고
골프가방 어깨에 매달고
동남아로 몇 달 여행 휑하니 다녀와
다시 돈 떨어지면
말발 센 동네 주민 몇 명과 작당하여
소주 몇 병 붙고, 웃통 까고 아스팔트에 누워
분진 때문에 명대로 못 살겠다 외치고 나면

또 몇 년 놀아도 되는 돈을 받아 낼 수 있으니
세상에 이보다 좋은 돈벌이가 어디 있느냐고
이만큼 좋은 직장 아닌 물주가 있겠느냐고

2.
소문 전해 들은 저승길 앞둔 노인들마저
손에 쥔 호미 괭이 다 팽개치고
현수막 흔들며 광산으로 몰려가
배를 하늘 밑에 깔고
백 세 인생 백 살까지 보장하라고
대책 아닌 대책을 세워 달라 외쳤더니
매달 노인 연금 두 배가 넘는 돈
30년 동안 꼬박꼬박 받기로 했다고
그러니 뭐 하러 뙤약볕 아래
가을 익어가도록 힘들게 농사짓느냐고
더구나 운 좋게 감투라도 하나 얻어 차면
명절이나 재허가 철이라도 되면
손주들 대학 학비는 껌값이라고

더러는 목돈을 주체하지 못해
집 앞 남새밭에
현금을 다발로 묻어둔 사람도 있다고

3.
그러다 온 동네 사람
호적에 아니 요즘은 개인 신상 정보 조회에
자손들에 환영받지 못한
빨간 줄 이력 더해질 수 있다 하니
뱀눈 같은 눈알 굴리며
자기들 밥줄 씹지 말라고 건들지 말라고
눈에 쌍심지를 켜는데

명당

뾰쪽한 아롱체로 솟은 필봉筆鋒
산 그림자 허공에 매단 산사나무
솜털보다 부드러운 햇살 품었다
그 안에 누워 본다 그러다
산마루 타고 내려오면
기맥이 흐른 혈穴 자리
달빛 끌어다 놓은 배산임수背山臨水
그 아래 거꾸로 소를 타고 가다
주린 배 채우던 옹달샘
백 년을 더하고 더해
덕을 쌓아야 누울 수 있는
어머니 품속 같은 곳

서산마루에 노을 깃들면
노을도 전설 되어
잠시 밭머리에 쉬며
마지막 남은
시詩줄 하나 던져 놓으면
온 세상 환하게 물든
아버지 바람 되어 누운

그 자리

이제 이별하기로 했다

투정도 고집도 드센
너와 아름다운 동행
이쯤 그만 손 놓아야겠다
아내도 모르는 비밀의 행성
널 초대해 놓고 밤낮으로 즐겼던 밀회
끝장을 봐야겠다
너의 달콤한 혀
뱀의 혓바닥처럼 날름거리며
차가운 목구멍을 타고 넘어와
휑한 가슴 언저리 자리잡을 때
잠들지 못해 뜨거워진 몸뚱어리
허물어진 세상조차 아름답게 감싸고
사람들 죄다
천사 아닌 천사로 보이기도 했지만
미처 몰랐을 거다
더없이 초라한 눈빛과
몸 안의 거친 숨소리
이제 몸도 마음도 빈털터리 되어
홀로 밤안개 보듬으며 거리를 걸으면
그리운 이는 소문조차 없고

미운 사람은 더 철저하게 외면하게 되는
그런데도 때로는
너로 인해 상처를 치유하고
너로 인해 세상과 맞설 용기도 가졌고
너로 인해 꿈속에서조차 시를 쓰고
너로 인해 사랑도 하고 미워도 했다
가끔은 교만에 빠지기도 했으나

그래도 더는 안 되겠다
아직은 내가 지켜야 할 사람을 위해
이제, 그만
네 손을 놓아야겠다
너와 이별하기로 했다
.
.
.
그래
안녕

아니
주酒님

결빙기

 오래된 철밥통을 내려놓은 후 마포불백*이 싫어 다시 자본주의 집사가 되었다고 하자 너마저 세상 속물이 될 줄 몰랐다고 안타까워하는 사람과 너도 이제 조금이나마 자본주의 단맛에 깃들여져야 한다는 사람이 반班 반, 하지만 평생 정해진 궤도를 벗어난 적이 없는 탓에 새로운 군상과 타협하는 것도 힘들고 예전과 같은 열정은 도리어 해가 될 수 있어 속내 감추고, 난감한 눈빛으로 허공에 벽을 세웠다가 허물기를 반복한다 가끔 아주 가끔 시상詩想을 떠올려 보다가 책상 앞 전화 신호음만 울려도 깜짝 놀라 족히 백번은 넘게 보았을 미완성 계약서를 뒤적인다

 이제 전직前職이라는 약발도 점점 희미해져 가고 열정 잃은 가슴을 조여오는 압박감에 빈 가슴 한쪽 쓸어 모으며 지리산 뒷산 계곡이 해빙되기를 기다린다

 이후 흙이라도 파먹고 살아야 하는데, 솔직히 빈 땅에 씨앗 뿌릴 자신도 없고 세상 소리에 점점 예민해진다. 얼마 전부터는 손가락 마디마다 관절염이

도져 그것도 걱정 아닌 걱정이다

  그런데도 아내는 그래도 사람 장사보다는 그 자리가 백번 더 낫지 않겠느냐고 그러니 호강에 배 터지는 소리 하지 말고 꼭 붙들고 있으라 견디어 보라 하는데 대책 없는 몸뚱어리의 반항도 속수무책이라서 이제 남은 여분의 생은 산방山房 옆 얼었던 계곡 물이 풀려 흐르고 찔레나무 속 붉은부리찌르레기 봄을 재촉하는 소리 들리면 그때는 그 소리 벗 삼아 살아도 되지 않을까

＊마누라도 포기한 불쌍한 백수를 의미하는 속된 말

편지

고등학교 반창회 때마다
친구가 나누어 준 난蘭 한 분
도도하옵신 꽃대 활짝 열려
친구에게 편지를 쓰네

활짝 피어난 꽃자리
우리 희고 깨끗한 오랜 우정
가득 담아 두었으니
염려 붙들어 매라고

산방에 몰려든 꽃향기
더는 물리칠 방도 없어
지나는 바람에 사랑한다고
고백할 뻔했다고

늦은 약속

시집을 보내줄 때마다
고향 오면 연락하라고
그때 소주 한잔하자는
깨복쟁이 친구

고향 신문에
시집 발간 소식이 전해질 때마다
고향 다니러 올 때
밥 한 끼 하자더니

지난밤
친구의 영정사진 아래
향불 올리고
육개장에 소주 한잔하였네

난전亂廛 아닌 난전難前

 해도 지쳐 제집 찾아간 길
 단위 농협 앞 가장자리, 주름이 이마에서 목 아래까지 川천이 된 할머니 애호박 서너 개, 깻잎 세 단, 가지 한 소쿠리를 신문지 위에 펼쳐 놓고 웅크리고 앉아 낮에 먹다 남은 잔치국수를 잇몸으로 짓이겨 목구멍 안으로 집어넣고 있다
 바닥에 있는 것 모두 셈해 봐도 기껏해야 만 원 안팎, 얼마 남지 않은 온새미로* 나물은 밤이 다가올수록 푸른 빛을 잃어가기 시작하자 할머니 얼굴에 끝나지 않은 시름 문신처럼 박힌다
 애써 모른 척 지나가려다 발걸음을 붙잡는 날파람 어쩌지 못해 남아 있는 나물 떨이째 검은 봉지에 쓸어 담은 후 세종대왕 초상화 한 장 더 얹어 할머니 손에 쥐어 주고 종종걸음으로 숙소로 돌아왔다

 멈춰 선 달님
 환한 모습으로 가던 길을 재촉한다

---

 *온새미로 : 자르거나 쪼개지 않고 자연 상태 그대로

4부

봄 한가운데로 걸어 들어온 꽃상여

북항의 아침 풍경

대형 크레인이 불빛을 삼키자
제각기 마른 얼굴로
조각난 삶을 준비하는 어부들
까칠한 주먹밥 한 조각
이 빠진 입속에 억지로 쑤셔 넣고
동력이 떨어진 통통배 끌고
너울거리는 파도를 탄다
지난밤 거친 항해에 지친
등대 위 갈매기들 다시 날아와
기름 버무려진 밥알 몇 톨
하루의 일당으로 셈하고
동력이 약해진 배 후미를 밀고 있다

길 잃은 너울 지난 후
섬과 섬을 연결한 해무 걷히자
수평선을 베어 문
붉은 태양
각혈 후

몸져눕는다

종합검진 소견서

내 몸속을 들여다보는 것이 두려워
전신마취를 하고 침대에 누워
인공지능 기계에 몸을 맡겼다
차갑고 날카로운 눈을 장착한 AI
안마사의 손길처럼 부드럽게 때론 거칠게
위아래를 몇 번씩 더듬으며
때로는 심각한 눈빛을 깜박이며
이곳저곳을 휘젓고 다니며
살아온 몸의 이력을 캐고 있다
특별히 잘못 살아온 것은 아니지만
거짓 같은 상처 드러날까 두려워
세상에 소문나지 않도록
입과 귀를 틀어막았다

한참 만에 눈을 뜨고 일어난 주치의 앞
선고를 기다리는 죄인처럼 앉아 있다
몇 줄의 소견에 불과했던
지난번 검진 때와는 달리
밑줄 친 여러 건의 위험 신호와

앞으로 조심 또 조심하라는 붉은 글씨의 소견
한 장을 넘어 다음 장까지 이어져도 무덤덤했는데
마취된 항문이 풀린 충격적인
그 한마디

'키가 2센티 줄었네요.'

부르주아 시인이라고

문학 세미나에 갔다
소개받은 교수와 명함을 교환하는데
대뜸
"부르주아 시인이
한쪽으로 기운 자본주의도 모르면서
고통받지 못한 시 어떻게 쓰겠느냐"고

그래, 나 아직
소나기를 피하는 법도 모르고
여태 아내 외 다른 여자도 모른다고
수많은 별 중 그중 하나도 훔친 적 없고
소를 타고 노는 법도 모른다고
저열한 세상 반항기 가득한 채
투사의 눈길을 빌려 세상 부조리를 감시하며
분노는 내려놓고 비수를 품고 살았다고
그래도 무너질수록 늘 진실한 삶을 보듬고 살아
내 모든 시는
그런 삶의 자궁 속에서 태어났다고

하긴, 뭐, 이제 곧 세상 소문 다 내려놓고 내가 만든 내 나라, 나의 공화국 내 산방으로 들어가 비록 스크린 골프장이나 굿당은 없어도 날마다 천왕봉에 걸터앉은 구름 붙들어 와 산방 옆 계곡 바위 위에 쭉쭉 펼쳐 놓고 마음 나눌 친구 몇 명 불러다 한 손에 한량주閑良酒를 또 다른 한 손에는 세작細雀을 음미하며 배따라기 추며 하루하루 살아갈 생각을 하니 내가 부르주아 시인이 아니라고는 절대 말 못 하겠다

당랑권螳螂拳

제5의 계절 우기雨期
비는 한 달 넘게 감감무소식이다
공원 한쪽 가시칠엽수 나무 아래
어른들은 몸속 습기를 뽑아내느라 팔다리 분주하고
무지개가 그리운 아이들만 신이 났는지
몸을 태우며 물총놀이에 열정적이다

다른 숲길 언저리
고양이와 사마귀 한 마리
절체절명의 위기감을 느끼며 대치 중이다
고양이가 날카로운 발톱으로
사마귀 머리를 낚아채려 선공을 펼치자
뒤로 물러서는 법을 배우지 못한 사마귀
자비나 온정 따위는 기대하지 말라는 듯
푸른 야성에 감추어진
몽상의 날갯짓이 사뭇 비장하다
얼핏 보면 우스꽝스러워 보이지만
지구의 원심력을 최대한 이용
풀잎처럼 부드러우면서 소리 없이 강한

가문 대대로 내려온 有柔無聲유유무성한 비기다
상대에 치명상을 입히지 못하지만
무너질수록 처절하게 빛나는
그래서 스스로 지쳐 포기하도록
아니 유혹당할 수밖에 없는
저 무심의
권법拳法이라니

찰 빨대들
−그들이 사는 방식

해거름 빨라지면 어둠을 가두고
수레를 끌고 엉금엉금 기어나와
아무도 빠져나갈 수 없는 바리케이드를 친다
느리게 느리게 아주 느리게
때로는 빠르게 빠르게 더 빠르게
지문으로만 찾아갈 수 있는 길을 만든다
온종일 미로를 찾다 지쳐
걸음걸이가 수상한 사람 불러 세워 놓고
영혼까지 탈탈 털어
뒷주머니 지갑 속 냄새를 구겨 넣는다

힘없고 가난한 사람들
소리 죽여 우는 소리 외면한 채
죄가 있는 사람은 죄를 물어 주고,
죄가 없는 사람은 새로운 죄목을 만들어
귓속말로 은밀한 거래를 제안한다
만약 거래를 거부하기라도 하면
비명 지르지 못하도록
입을 막고 주리를 튼다

거시기

'거시기'는
사투리도 변두리 언어도 아니라고
더구나 밤꽃 향기 풀풀 풍기는
사내들의 그것을 지칭하는 것도 아니여
내가 너를 알고
네가 나를 안다면
눈빛과 눈빛만으로
마음과 마음으로 통하는 모국어여
지울 것 지워버리고
버리고 싶은 말 다 버려도 상관없어
내가 너에게 미처 다할 수 없는 말
네가 나에게 차마 끝내지 못한 말
아무런 격식이나 투정도 없이
나와 너,
너와 나를 그리고
세상과 세상을 연결해 주는
지상에서 가장 순수한 언어여
언제 어디서나
별처럼 반짝이하고
가슴을 따뜻하게 한
모국어라고

읽어 주지 못한 동화

네 살 조카 손주 끌고 온
'토끼와 거북이' 동화책을 읽어 주었더니
아이는 고개만 이리저리 저으며 도통 아니라는 표정
비행기의 날개가 펴지지 않은 것 같은 이 난감함
아이는 기어코 울음보 터지기 직전이다
이대로는 도저히 안 되겠다 싶어
이기지 않으려는 것까지 중요하다거나
타협하는 것만이 세상 사는 방식이라고
세월이 머물 때마다
다르게 채색된 문장 탓이라고
아니 제논의 역설*(아킬레우스와 거북이)을 말해 주려다
(그것은 아니야)
옛날 사람들은
현대 수학의 무한급수**를 몰라 그랬다고
(그것은 더욱 아니라고)
결국, 잘못 쓴 동화라고 말하려다
아이의 동심을 깨뜨리고 싶지 않아
더는 대답할 말 없어

봄비 오는 날 비눗방울 풍선을 만들어 타고 같이 하늘을 날아 보자고, 무지개 피어나는 여름 일곱 색깔 크림빵을 만들어 먹자고, 가을날 작은 화분에 핀 꽃은 왜 작은 햇살을 그리워하는지 알려주겠노 라고, 겨울밤 첫눈이 내리면 눈 위에 제일 먼저 네 이름 지어주겠다고 애먼 소리만 잔뜩 해 주었더니

 아이가 비로소 활짝 웃는다

* 제논의 역설(아킬레우스와 거북이) −아킬레우스(토끼)가 100m 가는 동안 거북이 10m를 간다고 가정하고, 거북이가 아킬레우스보다 100m 앞에 있다고 가정해 보자. 그 상태에서 아킬레우스가 거북을 따라잡기 위해 100m 앞으로 갔다고 하면 동시에 거북은 10m를 나아간다. 그러면 거북과 아킬레우스는 10m만큼 떨어져 있는데, 이때 아킬레우스가 다시 10m를 더 나아가면 거북은 1m를 이동하여 거북이 다시 1m만큼 앞서게 된다. 마찬가지로 아킬레우스가 다시 1m를 가면 거북은 0.1m 더 나아간다. 따라서 아킬레우스는 아주 미세한 거리만큼을 항상 뒤처지게 되므로 아무리 가까워져도 거북을 따라잡는 건 불가능하다.

** 제논의 주장은 현실에서 전혀 말이 되지 않는다. 당연히 어느 순간 토끼(아킬레스)가 거북이를 앞서게 된다. 아킬레스가 달리는 거리(100m, 10m, 1/10m…)는 무한등비수열로 표시되는데, 이 거리를 줄이면 거북이를 이길 수 있게 된다. 즉 무한등비급수(공식생략)를 적용하면 고작 111m 남짓인데 토끼(아킬레스)가 자신의 출발점으로부터 112m만 달려도 거북이를 앞지를 수 있다.

덤

용원 사거리 옷가게 입구
'90% 폭탄 세일에 덤 하나'라는 옷가게 현수막
5년째 한 자리에 빛바랜 채 졸고 있다
90%에 할인에 덤 하나면
원가가 얼마인지
도통 내 머리로 셈할 수 없다
하긴 덤은 그저 덤일 뿐

덤을 생각하니
아직 가슴 속에 선명한 아린 기억들
차가 완파되는 세 번의 교통사고와
긴급호송마저 거부 당한 의료사고로
저승 문턱 무늬마저 뚜렷하게 새길 수 있는
젊어서 아팠던 세월
그런 내가 오늘을 사는 삶은 덤이다
내일은 덤에 덤을 더해 사는 거다

어찌 그뿐이랴
오늘 너를 만난 인연도

향기로운 네 목소리도 덤이고
밤하늘에 묻어 둔 별을 다시 볼 수 있는 것
귀를 닫아 버린 세상 풍경과 텅 빈 허공조차
나에게는 모든 것이 덤이다
그런데도 가끔 작은 것에도 투정하는 것은
너무 욕심부리고 사는 것은 아닌지

오체투지

경칩 지난 다음 날
침묵의 함성 따라 꿈틀거리며
이곳저곳에서 몰려든
정체를 알 수 없는 군상群像
차디찬 아스팔트를 붙들고 있다
낮게 살아 더 낮은 곳을 향하는 사람들
아무리 애써도 살아갈 날이 불투명하다고
엎드려 기는 것만이
그들의 유일한 투쟁 방식
최루탄 연기는 오래전 사라졌지만
대신 그들을 막아서는 것은
힘없고 나약한 사람들
가슴 태우는 대형 닭장차
그래도 어쩔 수 없다
온몸이 닳고 쓰러지고
가야 할 길이 사라지더라도
여기서 멈출 수 없다

아직 봄은
당당 멀었는 갑다

이제 돌아갈 때가 되었구나

때가 되었구나
이제 돌아가야지
새의 가슴을 가진 너를
누가 이 험한 곳으로 불렀을까
발톱을 하얗게 붓칠한
승냥이 떼 득실거리는 화려한 도심
네가 있을 곳은 아니야

네가 있어야 할 곳은
솔향 가득한 언덕배기 저 너머
저녁 짓는 연기 모락모락 차오르는 곳
할머니 정화수 떠놓고 기도하다 바람 되어 묻힌 곳
부서진 달빛 머금은 방죽에서 멱을 감고
한 손에 잡힌 듯한 네 작은 어깨 위
얼룩무늬 나방을 매달고 들꽃 같은 꿈을 꾸던
유년의 추억과 설렘이 머물다
푸른 별로 환생하여
상처까지 사랑으로 감싸준
너의 해방구

그곳

봄 한가운데로 걸어 들어온 꽃상여
–벚꽃

(늦은 밤, 나무 아래 차를 세워 두고 아침 출근하려는데 지난 밤 내린 봄비에 차 위 벚꽃 환하게 피었다)

환하다, 누가
고향 가는 길 차에
밤새워 꽃잎 한 땀 한 땀 붙여
꽃상여를 만들어 놓았을까
막 깨어난 나비처럼
긴 명주 꽃 줄 매단 채 길 나선다

꽃상여 지나는 길마다
삼삼오오 꽃구경 나선 사람들
환호 소리인지 곡소리인지 구분할 수 없어
죄다 이명처럼 들린다
때마침 소소리바람 불어오자
비명 지르며 점점 허물어져 간 상여 꽃
어느새 부모님 잠든 선산 앞

아직 꽃잎 난분분亂粉粉한데

쑥국새 서럽다며 묘지 위에 토해낸
미처 달아나지 못한 꽃잎들

오늘은 차마 시가 되지 못하고
하얗게 시들어
꽃무덤이 된
내
꽃상여

보청기 하나 놓아 드릴까요

유년의 시절 한쪽 청력을 잃어버린 후
세상은 온통 바다였다
나이가 들어갈수록
지구의 판이 빈번히 어긋나자
남은 귀의 소리마저 희미해져
나만의 비밀을 만들 수 없어
말투마저 거친 돌이 되었다

세 번째 스무 살 무렵
보청기를 입양한 후
박자나 음정 따위는 몰라도
목젖을 떨며 부르는 트로트 맛을 알았다
어둠을 상상하여 빛을 만들 수 있었다

그런 이제 막 온전한 소리를 듣기 시작했는데
이게 뭐지
평생 모국어를 부리며 살았거늘
얼마 전 TV 화면을 보다
보청기 없이도 들을 수 있는 말

밑줄을 치지 않아도 연결되는 그 말
타인에 의해 '바이든'이 '날리면'이 되고
'의원'을 또 '요원'으로 들으라 강요하니
아니 그럼, 어쩌겠나
시시비비是是非非 언언시시言言是是
사람인 척하는 사람 아닌 사람들에
보청기 하나씩 놓아 주어야지
아니 도청장치라도 달아 드릴까

복세편살*

1.
얼마 전까지
다섯 개의 기둥을 받친
아방궁 같은 산방을 상상했다 그곳은
마음 앞서간 바람이 정착할 보금자리
앞쪽에는 아직 이름 불러 보지 못해
차마 떠나보내지 못한 속 쓰린 수천 권의 책
다른 한쪽에는 강과 바다를 품은 돌
흩어진 공간에는 다시 모인
천년의 전설과 만년의 신화가 깃든
사발, 연적, 찻잔까지
희미해진 세월 불러다 앉힌 꿈의 터전

2.
서로 튼튼한 기둥 하나씩 세워 주겠다고
만날 때마다 말빨 앞세운 사람들
웅덩이 속 붕어처럼 주둥이만 바쁘더니
어느 순간부터 그림자마저 보이지 않는다
처음부터 안면 바꿀 사람이라는 것을
전혀 예상하지 못했던 바는 아니지만

그나마 홀로 세워진 외로운 기둥 하나
거기에 커다란 용 문양을 새기고
나머지 세 개의 기둥은
내 뼈를 깎아 세우기로 했다

3.
이제 나이도 꿈도 점점 소박해져
두서없는 발설로 소문만 무성한 산방山房 자리
처음 새긴 큰 눈금 지워내고
작은 몸 홀로 누울 산방을 만들기로 했다
숨소리까지 음각한 거실에는
어쩌지 못할 어둠의 詩들만
산방에 가두기로 마음먹고 보니
몸도 마음도 한없이 가벼워

이제, 지난 헛된 꿈쯤
깡그리 잊어도 되겠다

*복잡한 세상 속 스스로 방식대로 즐겁게 편하게 삶을 의미하는 신조어

손 없는 날

'손 없는 날'은
사람의 일을 방해하는 귀신이 없는 날
그날이면 덜컹거리며 오르내리는 사다리차
가난한 짐 훔쳐보고도 소문내지 않을 날
시골에서는 이 집 저 집
그 집안의 일 년 밥상을 좌우할
장 담그는 날
틈새 찾아 모처럼 여유를 갖고
자식 혼삿날 잡는 날

또 손 없는 날은
귀신도 텃세 부리지 못해
새집에 짐 부리는 날
가난한 사람들은 하루라도 빨리
지긋지긋한 터에서 도망가고 싶은 날
부자들은 더 부자가 되려고 돈 들여 힘들게 잡은 날
이날을 믿고 싶은 사람은 기어코
여유롭지 못한 몸 애써 빼는 날
믿지 않는 사람은 이날 저 날 아닌

그저 그런 날
그래서 기억하는 사람만 애써 지우고 싶지 않은
그 날

손 없는 날은

거북이 사는 곳

등에 거북이 한 마리 들어왔다
작은 등판 위 정착을 위해 타협을 원하지만
끝내 화해할 수 없어 악수마저 거부한 탓인지
세월 지날수록 날이 조금이라도 흐려지면
이곳저곳 기어다니며 고통을 부화한다
한 번 부화한 뼈 시린 통증은
머리서 발끝까지 증발하지 않는다
그나마 지금은 조금이나마 길들여 있지만
서둘러 화해하지 않으면 심장 녹아나
생명선을 점점 압박할지도 모른다
하긴, 반백 년 가까이 직장 생활하고도
백수와 삼식이가 싫어
물짠 자본주의와 타협하면서까지
매일 5시 30분 시작된 일과
게으르다 못해 홀로 지쳐 잠들다
제자리 돌아오고도 한참이 넘도록
침침한 눈 깜빡이며, 책상에 앉아
야윈 팔목으로 자판만 쥐어 패댔으니

거북도 내 목 언저리 부근이
허기에 지친 자기 집인 줄 알고
그대로 눌러앉았는지 모를 일이다

괴물이 되어가는 과정
– SNS

얼굴 없는 세상
시도 때도 없이 울리는 단톡방 문자
그래 하루 한 번은
혼자 아닌 홀로 지내는 이에 보낸 안부라 하자
아니 고립된 세상 하루 두 번 정도야
또 만날 인연에 대한 소통이라 치자
그런데 시간이나 장소도 구분하지 못하고
아무 곳에서나 배설한 대책 없는
이 무례함은 어찌할꼬
하루 한두 번이 열 번이 되고
그 열 번이 계속 부화하다 보면
찌그러진 욕망으로 깃들어져
천 개의 쓸모없는 뱀의 혀가 되어
혓바닥을 날름거리며 빈약한 가슴을 더듬는다
만 개의 날카로운 송곳이 되어 등을 찌른다
간직해야 할 비밀이 희미해질수록
토해낸 말 다듬어지지 않을수록
시詩도 영혼도 거둘 수 없는
구제받지 못한 모국어가 되어

고통스러워 밤거리를 겉돌며
달빛조차 재우지 못하고
점점 스킬라*로 변해간다

* 스킬라 : 그리스 신화에 나오는 불멸의 괴물

화순 고인돌*

속금산 모래 언덕 돌고 돌아
너에게로 가는 길
목구멍으로 치솟는 이름 하나
누가, 네 마음
이리 흔들어 놓았기에
한 맺힌 그리움으로 남아 있나
그래 너는 오래전
별이 되어 이 땅에 내려와
마고할멈의 신화를 만들더니
만년의 전설 되어 꿈틀거리며
수천 년 역사가 되더니
기어코 고인돌이라는 이름을 지었구나

그래 이제 누가
다시 네 이름 부르거든
이렇게 외쳐다오
나를 떠난 사람들
다시 이곳 고향으로 돌아오라
내 이름 잊은 사람들

우리 함께 다시 모여

또 다른 역사를 만들고

전설이 되어보자고

* 화순군 춘양면 및 도곡면에 위치한 세계문화유산 제977호,
 사적 제410호

허풍* 즈음

내, 너 이름 외면할 때

결국, 너도 알고 있었더냐

붉은 화신花信 입에 물고

창밖에서 환호하는 저 함성

그러고도 모든 것을

턱 내려놓고

바삐 돌아서서 사라진

저, 바람의 경이驚異를

---

*허풍 : 환절기에만 잠깐씩 부는 바람으로 참나무 허리를 경계로 해서 위쪽으로 부는 바람과 아래쪽으로 부는 바람이 서로 방향이 다른 바람

해설

●自己 詩에 대한 성찰과 방향

비수를 품은 채
세상의 어둠을 투시하지 않겠다

김정호
시인, 수필가, 평론가

1. 들어가기

'시란 무엇인가'라는 질문에 필자는 일괄적으로 '삶의 상처를 어루만지는 따뜻한 어머니의 약손'과 같다고 말한다. 그래서 시를 쓰고 시집을 발간하는 것은 일종의 축복과도 같다. 문제는 시집을 발간할 때마다 받아본 평론을 보면 마치 주례사나 발간 축사와 같이 우호적이고 호평 일색의 평론이 대부분이다. 작가와 평론가의 인간관계가 돈독한 경우 더욱 그렇다. 평론은 원래 작가의 글과 영원한 술래잡기와도 같아, 작가는 평론가가 자신의 글에 문학적 설명이나 비평하는 것에 거부하려는 성향이 있는 반면에 평론가는 작가의 글을 붙잡아 해석하고, 고착

하려고 한다. 또 글을 새롭게 정의하여 논리와 이성, 비평적 고찰을 통해 냉정하게 평가하여 독자들에게 감정의 빈자리를 채워주는 일이 목적이다.

 그래서 이번 필자의 열한 번째 시집 『낙타경』의 발간을 앞두고 평론에 대해 적잖이 고민한 것도 사실이다. 필자도 다른 시인의 시집에 대한 평론이나 해설을 쓰는 일을 하고 있어, 필자의 시집에 스스로 해설이나 꼭지 글을 쓰는 일이 어려운 일은 아니나, 자칫 자기 글의 합리화나 자신이 쓴 작품이 가져올 언어 폭력에 정당성을 부여하는 위험성을 내포할 수 있기 때문이다.

 또한, 자신의 글이 정직하고 진심이었는지, 평론을 통해 과대 포장을 하려는 것은 아니었는지 평가하는 것도 한계에 이를 수 있으며, 자칫 감정을 자기의 작품의 방향으로 기울어지도록 하여 독자의 판단을 흐리게 하는 결과를 초래할 수 있다.
 그런데도 이번 필자 시집에 스스로 평론을 한 것은 필자의 시와 문학에 대한 통렬한 반성과 성찰을 통해 올바른 시적 방향을 제시하고 싶은 마음에 조심스럽지만, 평론이라기보다는 시의 느낌을 적어 보기로 했다.

2. 본문

1) 시의 행간 들여다보기

열한 번째 시집 『낙타경』은 제1부 〈풍경 달다〉, 제2부 〈눈부신 햇살로 오세요〉, 제3부 〈가짜 뉴스〉, 제4부 〈봄 한가운데로 걸어 들어온 꽃상여〉로 전체 4부, 총 72편으로 시집 내용을 나누어 보았다.

(가). 거대한 벽 앞에 서다, 그래도 벽을 허물고 앞으로 나가 보라는 속삭임
(나). 풍자와 모순이 불일치한 세상에서 진실 찾기란 과연 무엇인가?
(다). 자연(꽃)을 통해 파도와 같은 내면의 힘을 받아 세상과 소통을 시도하다.
(라). 인간성 회복을 위한 서정시로의 회귀.

이러한 시편이 이번 시집의 기본 틀이라 하겠다

2) 세상은 온통 사방이 벽으로 둘러싸인 감옥이다. 여기서 한 걸음만 움직여도 깊은 낭떠러지로 떨어질 것만 같다. 그런 절망과 유폐 속에서 나를 구해준 것은 지독한 외로움이었다.

덤을 생각하니
아직 가슴 속에 선명한 아린 기억들
차가 완파되는 세 번의 교통사고와
긴급호송마저 거부 당한 의료사고로
저승 문턱 무늬마저 뚜렷하게 새길 수 있는
젊어서 아팠던 세월
그런 내가 오늘을 사는 삶은 덤이다
내일은 덤에 덤을 더해 사는 거다

- 「덤」 부분

  집 근처 학교 앞을 지나다

  한 여자의 손에 이끌려 천막 안으로 들어갔네

  손금을 본다는 그 여자

  왼손바닥을 해바라기꽃처럼 활짝 펴 보라 하네

  (중략)

  이것으로 지난 삶을 보상받은 듯 위안이 될까마는
  집으로 가는 발걸음
  아무런 중력의 저항 없이
  구름 위를 걷고 있다

- 「손금 보는 여자」 부분

시인은 일련의 삶 속에서 모든 촉수는 항상 예민하게 열려 있어야 하며, 사물을 보는 시선 또한 언제나 촉촉하게 젖어 있고 넘치는 감정은 일상생활과 밀접해 있어야 한다. 그래서 감각과 촉수는 현실적인 삶 속에 항상 뿌리박혀 있어야 한다. 시는 곧 시인의 삶의 궤적과 같이하기 때문에 일상의 모든 것이 시적 소재가 된다. 그럼, 인간의 삶과 죽음의 경계는 무엇일까? 사람이 살다 보면 가장 가까운 곳에 있어야 할 삶이 갑작스러운 사건, 사고로 파괴되는 경우가 허다하다.

 필자는 차가 완파되는 세 번의 큰 교통사고와 의료사고, 약물 사고로 다섯 차례에 걸쳐 삶과 죽음의 경계에 선 경험이 있다. 실제로 사람은 누구나 이승에서 저승으로 넘어가는 마지막 순간, 즉 죽음 직전에는 본인이 살아온 생애 중 가장 잘못하고 후회스러운 일이 마치 한 편의 영상처럼 스쳐 지나간다고 한다. 이는 인간은 죽음 앞에서 삶의 유한성을 깨닫고, 살아온 매 순간을 소중하게 여기기 때문이다.
 이러한 까닭에 사람들과의 관계를 긴밀하고 후회하지 않도록 현재 자신에게 주어진 삶에 최선을 다해 산다. 따라서 필자는 이런 몇 번의 경험 때문인지 모르겠지만 사는 동안 늘 올바르고 맑은 마음을 견지하며 살려고 노력했다.

 물론 사람마다 모든 삶이 기쁘고 좋은 일로 가득 채워진다면 더할 나위 없이 좋겠지만, 보통 일반적인 사람들의 삶이 절망의 연속인 경우가 어디 한두 번뿐이겠는가? 또 누구의 사연인들 슬프거나 아프지 않은 것이 어디 있겠는가? 따지고 보면 살아 있는 것치고 허무하지 않은 삶이 없다. 그 속에서 그래도 열심히 살아 보라고 속삭이는 목소리를 듣고 힘을 내고 용기를 얻어 자아를 찾아간다. 〈덤〉과 〈손금 보는 여자〉는 이런 삶의 경험 연장선에서 쓴 시다. 그 때문인지 나는 다른 사람에 비해 죽음에 대해서는 비교적 너그러운 편이고, 현재의 삶은 덤으로 살고 있다고 생각하여 항시 감사하는 마음으로 살고 있다.

 물론 이러한 시적 표현이 필자의 모든 삶을 대변할 수는 없지만, 40대 이전 삶의 진지한 표정은 아픔과 상처를 경험한 시가 많은 탓인지 일부 독자들은 시가 아프다고 한다. 맞는 말이다. 필자의 시 대부분은 이런 극적인 감정을 끌어와 쓴 시라, 감정이 많이 이입된 탓이 원인이라 할 수 있다. 결국, 문학의 본질은 다른 가식적인 예술과는 달리 일종의 반성적

예술이다. 죄의식만큼이나 숨 막히게 조여오는 고통에서 비롯된다, 특히 시는 더 말해 무엇하랴.

> 헐떡이는 태양을 품은 채
> 스스로 채찍을 후려치며 사막을 걷는다
> 제 의지하고는 상관없이
> 제멋대로 이름표를 단 삶의 무게를 지고
> 모래에 발굽이 박혀 휘청거리는 걸음
> 가야 할 천 리 길이 위태롭다
> (중략)
> 그래, 여기서 주저앉으면
> 다시는 일어설 수 없을 것 같아
> 행장을 단단히 고쳐 매고
> 핏빛 성근 눈 부릅뜨며 길 찾아 나선다
> 결코,
>
> 뒤돌아보는 일은 없다
>
> — 「낙타경」부분

 삶이란 한결같이 변화무쌍하고 불확실성을 가지고 있다. 한 치 앞도 예측할 수 없는 것이라서, 우리가 추구하는 삶의 보편적인 가치는 통상적인 생활 속에서 이루어진다. 사람마다 자기 안의 이타적인 마음을 가지고 있으며, 이런 마음은 자기 안의 다른 마음과도 불일치하면서 늘 대립한다. 필자 또한, 평생 이타적인 열등감을 가지고 살았다. 하지만 그런 삶의 결과가 어떻든 공직 생활 39년, 그리고 퇴직 후 자본주의 집사로 몇 년 등, 총 45년의 직장 생활을 하면서 거의 하루도 빠지지 않고 남보다 두 시간 정도 조기 출근했다. 이러한 습관이 필자의 문학이나 삶에 유의미한 변화를 끌어냈으며, 문학의 원천은 대부분 여기서 비롯되었다 해도 무방하다.

 지금과 같은 삶도 잠시 과거가 되었다가 다시 현재와 미래로 되풀이되기를 반복하다 한 생을 마감하는 것이 우리의 생이다. 이번 시집의 표제시 〈낙타경〉은 낙타를 통해 필자의 삶을 투영해 보았다. 낙타의 닫혀 있는 환경 탓에 삭막한 세상(사막)만 볼 수 있어, 막혀 있는 가슴으로는 더 넓은 세계로 나갈 수 없는 안타까움을 표현한 시다. 하지만 그게 운명이라면 이에 굴하지 않고, 더 힘들고 고된 삶이라도 모든 것을 수용하고, 나만이 가질 수 있는 삶의 가치를 추구하며 살아가려는 마음을 그려낸 시다.
 문학이란 자기 삶을 사막에서 건져내어 자신의 상처를 치유하는 과정의 흔적이다. 따라서 자기 자신은 물론 자기와 비슷한 처지에 있는 사람의 마음을 달래고 상처를 치유해 주는 것이다.

 3) 세상이 어지럽다, 이런 세상에 분노조차 사치일

지 모른다. 가슴에 날카로운 송곳을 품고 분노를 잠시 내려놓는다, 이런 불일치한 세상에 진실을 찾을 수 있을까?

> 혼자서 막걸리 한 사발 마시며
> 우연히 경매 방송을 보다가
> 잠과 졸음 사이를 헤매던 중
> 갑자기 이게 뭐지
> (중략)
> 내 몸 불타 땅속에 갇히기 전
> 덤으로 딸려 온 달에
> 나만의 미지의 세계를 건설하는 동안
> 테슬라 최고경영자 일론 머스크가
> 달러 가득한 가방과 비트코인 지갑을 들고 와
> 달 몇 평만 분양해 달라 애원해도,
>
> 어림 반푼어치도 없는 줄 알아라
>
> －「달을 사다」부분

 삶의 흔적이란 이미 지나가 버린 일상적인 시간 위에 남아 있는 비가역성의 부유물이다. 다시 말해 역류할 수 없는 시간의 무상성과 함께 운명적이고 유한한 존재의 고통으로서 인식될 수밖에 없다. 필자가 시집에서 자주 '자본주의'의 역설을 강조한 것은, 자본주의를 이데올로기 방식으로 구분하는 것이 아니라 정신과 물질로 이분화하여 자본만 쫓아가는 '물질 자본주'의 즉 '자본주의 독재'를 말한 것이다. 그러고 보면 어쩌면 나는 이러한 자본주의에서 철저한 실패자인지도 모른다. 이유야 다양하겠지만 연고주의, 지역주의, 패거리 문화, 편 가르기 문화 그리고 접대 문화에 타협하지 못한 내 책임도 크다.
「달을 사다」는 삶을 지배하는 질서와 법칙들로 가득한 공간을 우주로 표현하였고, 오랜 공직 생활 중 채울 수 없었던 경제적인 취약함을 사용 가치가 없는 땅을 경매로 받으면서, 그 땅 위의 전깃줄에 걸린 달이 덤으로 딸려 온 상황을 무한한 상상력으로 확장해 본 시다. 이는 공직 생활을 하는 동안 빈약한 경제력 때문에 가장으로서 역할을 하지 못한 가족에 대한 미안함과, 한편으로는 무기력한 자신을 탓하며 개인적인 입장에서, 비록 달은 환가 가치가 없지만 유한한 가치로 보아 그동안 힘들었던 경제적인 여력을 달을 통해 보상받겠다는 엉뚱한 발상에서 비롯된 시다.

 비록 덤으로 받은 달을 테슬라 최고경영자 '일론 머스크'가 거액의 돈을 들고 와서 몇 평만 분양해 달라고 사정해도 못 팔겠다는 것은, 시인은 그만큼 굳센 기백과 때로는 만용에 가까운 용기로 유한한 자본과 무한한 권력에도 맞설 자세를 지녀야 함을 의미한다. 즉 세속적인 물질에 연연하지 않고, 자기 삶에 늘 당당하고 주어진 현실에 만족하는 마음을 담은 시라 할 수 있다.

> 유년의 시절 한쪽 청력을 잃어버린 후/세상은 온통 바다였다/나이가 들어갈수록/지구의 판이 빈번히 어긋나/남은 귀의 소리마저 희미해져/나만의 비밀을 만들 수 없어/말투마저 거친 돌이 되었다//(중략)/타인에 의해 '바이든'이 '날리면'이 되고/'의원'을 또 '요원'으로 들으라 강요하니/아니 그럼, 어쩌겠나/시시비비(是是非非) 언언시시(言言是是)사람인 척하는 사람 아닌 사람들에/보청기 하나씩 놓아 주어야지/아니 도청장치라도 달아 줄까//

> — 「보청기 하나 놓아 드릴까요」 부분

> 투사의 눈길을 빌려 세상 부조리를 감시하며/분노는 내려놓고 비수를 품고 살았다고/그래도 무너질수록 늘 진실한 삶을 보듬고 살아/내 모든 시는/그런 삶의 자궁 속에서 태어났다고//
> 하긴, 뭐, 이제 곧 세상 소문 다 내려놓고 내가 만든 내 나라, 나의 공화국 내 산방으로 들어가 비록 스크린 골프장이나 굿당은 없어도 날마다 천왕봉에 걸터앉은 구름 불

들어 와 산방 옆 계곡 바위 위에 쭉쭉 펼쳐
놓고 마음 나눌 친구 몇 명 불러다 한 손에
한량주(閑良酒)를 또 다른 한 손에는 세작(
細雀)을 음미하며 배따라기 추며 하루하루
살아갈 생각을 하니 내가 부르주아 시인이
아니라고는 절대 말 못 하겠다//

- 「부르주아 시인이라고」 부분

 문학 또한, 현실 참여는 참여이고 비판은 비판인데, 그 비판의 엄정성이 현실 논리로 인해 늘 무너지고 부정당한 경우가 흔하다. 그렇다면, 문학 혹은 문인은 정치나 권력으로부터 초연하거나 멀리 떨어져 지켜만 보아야 하는가? 그건 아니라고 본다. 어쩌면 지식인의 한 사람으로서 문인은 정의가 아니면 아니라고 소리칠 수 있어야 하고, 아프면 아프다고 말할 수 있어야 한다. 글에 의한 탐구를 통해 진리를 밝히려는 문인은 때에 따라서는 시대와 불화일 수 있고, 권력에 당당하게 맞설 수 있어야 한다.

 정치와 권력은 늘 서로 밀집되어 있으며, 상호 끈으로 연결되어 있다고 해도 무방하다. 정치의 사전적 의미는 '나라를 잘 다스리는' 것이다. 즉 나라를 잘 다스린다는 것은 "국민의 생활을 풍요롭게 하고,

나라에 대한 걱정을 없게 하는 것"이다. 이렇게 답은 분명하고, 어렵지 않지만, 우리는 여전히 늘 그 답을 구하지 못하고 방황하고 있다. 그것은 정치가 권력을 독점하려 들고, 그 권력을 통해 권력의 주인은 국민을 지배하려 하기 때문이다.

 권력은 다른 사람을 지배하고 싶은 욕망에서 비롯된다. 그런 권력에 대한 욕망은, 인간의 모든 행위와 관계의 본질에 깊이 자리하고 있다. 이미 가지고 있는 것이 충분함에도 불필요한 영양 공급으로 비만을 초래하는 식탐처럼, 넘치는 더 많은 것을 가지려다 결국 모든 것을 잃어버리는 것과 같다.

 위의 시「보청기 하나 놓아드릴까요」와「부르주아 시인이라고」는 우리 현실을 풍자한 것이다. 그러나 풍자는 잠시 분노를 내려놓고 여유로운 척하지만, 언제나 가슴 속에 날카로운 무엇인가 숨겨져 있다. 이 날카로움이 상대를 겨눌 수 있고 혹은 자기의 몸을 상하게 할 수 있어, 문학은 작금의 현실에 비판과 참여를 하더라도 좌나 우 한쪽으로 기울지 않도록 올바른 판단으로 견제할 수 있어야 한다.

 4) 자연(꽃)과 교감을 통해 새로운 세상과 소통하려는 몸부림의 시

슬하에 자식은
꽃인 듯 햇살인 듯
(중략)
아들, 딸 구별 말고
생기는 대로 쑥쑥 낳는 일이

우리 가문의 오랜 전통이니
명심, 또

명심할지어다

- 「처음 만난 그때처럼,(대추꽃)」 부분

 시내 한 관서에 근무할 당시 매일 온천천을 걸으며 봄, 여름, 가을이면 꽃을 대면할 수 있었다. 꽃을 매일 만난다는 것은 큰 행운이었으며, 삶에 윤활유 같은 역할을 하여 꽃을 통해 세상과 소통하는 법을 배웠다. 그런 꽃을 불교에서는 "육법공양六法供養 중 하나로 만행화萬行花라 한다. 한 송이 꽃이 피기까지는 만 번의 착한 일을 해야 핀다"라고 해서 인고의 세월을 견딘다는 의미로 수행을 의미하며, 장엄과 찬탄의 의미를 지니고 있다.
 또한, "인생은 꽃과 같고, 세상은 그 속의 꿀과 같다."라는 서양 속담이 있다. 꽃은 예로부터 우리 일상과 늘 공존해 왔으며 우리 생활과 삶에 많은 영향을 끼쳤다. 무엇보다 글을 쓰는 문인에게 꽃은 글감으로써 영감을 준다. 꽃은 저마다의 의미가 있다. 이러한 의미가 표현된 것이 꽃말이다. 꽃말을 잘 이해한다면 그 꽃의 특징을 알 수 있다. 그런 의미에서 시집의 2부 전체를 은유와 비유법을 섞어 꽃에 대한 인격을 부여한 꽃 시로 채워 보았다.

 위의 시 「처음 만난 그때처럼」은 '대추꽃'을 표현한 것으로 대추는 원래 암수한몸인 나무이다, 그래서 열매가 많이 열리는데, 꽃 하나에 반드시 열매가 맺어 후손의 번성함을 의미한다. 또한, 대추 씨는 통씨라 절개를 뜻하며, 순수한 혈통, 즉 자손의 번성을 의미하여 과일 중 첫 번째 과일로 친다. 그래서 조상님을 모시는 제사상과 차례상에도 첫 번째 과일이 대추다. 이런 것을 보면 꽃 중에 제일 으뜸인 꽃이 아닐까? 또 대추는 단단하고 풍성한 열매를 맺기 위한 작용으로 나무에 상처를 입힌다. 나무를 찍어내야만 번식을 많이 할 수 있다. 그러한 자신의 상처를 안고서야 자신도 제 역할을 다하며 많은 열매를 생산할 수 있어 사랑받을 수 있다는 것을 대추나무 스스로 터득한 것은 아닐까 싶다.

  (생략)
  네놈이 햇살 아래
  알몸 드러내 놓고

수음질 할 때마다
(생략)
아찔한 상상 속
밤새 잠 못 이루고

도회지로 도망치도록
충동질 한

네, 죄
어찌 모른단 말이더냐

　　　– 「이 바람둥이 놈아(밤꽃)」 부분

"꽃은 져도 향기는 멀리 나간다."는 말이 있다. 치자꽃의 향기가 남국의 싱그러우면서도 깔끔한 향기라면, 장미의 향은 남녀의 춘심春心을 발동시키는 향기이고, 라일락은 감미롭고도 낭만적인 향기를 낸다. 또한, 연꽃의 향은 마음을 차분히 가라앉혀주는 향기이다. 하지만 뭐니 뭐니 해도 5월 꽃향기의 대표주자는 밤꽃이다. 밤나무는 남성을 상징하는 유일한 나무다. 그리고 밤꽃은 여인을 유혹하는 꽃이다. 속설에 의하면 밤꽃 향은 과부에게 잠 못 들게 하는 향기라고 한다. 그래서 밤꽃이 피는 철이면 과년한 딸은 밤나무 아래에서 일을 시키지 말라는 이야기가 있다.

또 예전에는 밤꽃이 필 즈음이면 시골의 아낙들이 바람이 나 도회지로 도망간다는 소문이 무성하기도 했다. 밤꽃의 비릿한 내음이 정액 냄새와 유사한 것에서 비롯되었다. 실지로 밤나무꽃에서 나는 시큼한 냄새는 남자의 정액 냄새와 같아 양향楊香이라 부른다. 그래서 옛날에는 사찰 근처, 특히 비구니가 수행하는 사찰 근처에는 절대 밤나무를 심지 말라고 했다.

 한편 밤나무는 최초의 씨 밤이 다 자라고 난 뒤 죽은 나무를 캐 보면 처음 싹을 틔웠던 씨 밤이 그대로 남아 있어, 씨 밤(조상)과 나중 맺은 밤과의 세대 간 교류를 의미하여 제사상에 대추 다음 두 번째로 올리는 중요한 과일이다.

 5) 나는 늘 미지의 세상을 꿈꾼다. 그래, 다시 인간성 회복을 위한 서정시로 돌아갈 것이다.

> 앞으로 여분의 생은
> 지리산 청학동 서당에서 아이들에게
> 천자문과 소학小學을 가르치고 싶다 하니
> 이력서를 제출하라고 한다
> (중략)
> 이건 아니다 싶어
> 부질없는 이력 다 지우고

딱 한 줄만 써넣고 왔다

'돌과 사발 감별사'라고 '

　　　　　－「어떤 이력서」부분

　혹자들은 지구의 온난화나 지구의 자전과 공전의 변화 등으로 멀지 않아 지구가 종말할 것이라 예고하고 있다. 현재와 같은 정보화 시대에 지구의 위기나 종말을 방지하기 위해서는 인간성 회복을 통한 과거로의 회귀뿐이다. 그러한 위험의 신호를 최소한 문학인들이 먼저 감지하고 지구를 보전하는 데 앞장서야 한다. 그런 면에서 보면 필자의 시는 늘 그랬듯이 자기 고백으로서의 사물이나 관념을 디딤돌로 결국 완전한 서정으로 회귀를 고대하는 시가 주류를 이루가 있다.

　이력서는 주로 취업을 목적으로 자신의 학력이나 경력 그리고 자격증 보유 현황을 기록한 문서이다. 필자는 공직에 있을 때 일정 직급으로 승진 실패 후, 퇴직 후를 대비해 못다 한 학업과 여러 종의 전문직 자격증과 문학과 연계한 자격증 등 십여 종의, 일명 '士'(사)자 자격증을 획득했다.
　하지만 그렇게 획득한 '士'자 자격으로 후학을 양

성하고, 전문 지식이나 문학 지식을 이용, 퇴직 후 조금 더 여유로운 삶을 준비할 수는 있었으나, 나는 이런 자격증을 이용하여 경제적인 활동을 하는 성향과는 맞지 않았다. 차라리 평소 희망했던 지리산에 작은 산방山房을 만들어 놓고 평생 벗처럼 수집한 수석, 사발, 연적 그리고 지리산 천왕봉을 넘나드는 구름을 불러다 놓고 남은 여분의 세월을 보내도 좋겠다고 생각했다.

> 우물 옆 떨감나무 위 까치 떼/온 동네 소문 입 모아 퍼 나르고/무너진 툇마루 위 산호랑나비/흥이 났는지 춤사위 분주합니다/장독대 아래 깨진 옹이 속 소금쟁이/가위질하며 호객을 하고 있습니다/마당에는 홀아비바람꽃과 금낭화/청사초롱 옆에 두고 맞절하다 엉덩방아 찧고/문 없는 외양간 옆 기둥에 코뚜레/집 나간 송아지를 기다리다 지쳤는지/게으른 하품을 하고 있습니다//

—「풍경 달다」 부분

이번 시집에는 이전까지 시집에서 많이 보였던 사물 詩를 최소한으로 하였다. 이번만큼은 지나칠 만큼 지독한 사물을 바탕으로 한 서정의 굴레에서 벗어나, 인간 존재 가치의 확인과 경험을 바탕으로 물질적인 세계를 상징한 관념시가 바탕을 이룬 詩에 치중하려 했지만, 이러한 관념시 또한, 종국에는 서정으로 귀착되고 말았다. 이런 이유는 필자의 시에 대한 취약한 심안心眼의 한계성이 아닐까 싶다.

하지만 요즘 등단작이나 잡지에 발표된 대부분 시는 시인 개인의 감정에서 우러나오는 시어가 아닌 각기 분리된 여러 언어를 모아 조립하는, 즉 시를 만드는 기술자 느낌을 주는 시가 주류를 이루고 있다. 그러나 필자의 시는 일련의 한 가지 사물이나 관념을 한 문장으로 연결하여 완성하는 시가 대부분이다.

위 「풍경 달다」의 시는 6번째 시집의 표제시 「빈집에 우물 하나」와 시풍이나 전개되는 형식이 유사한 시이다. 아직 채색하지 않은 마치 한 폭의 수채화 밑그림처럼 순수하고 누구나 이해할 수 있는 쉬운 시다. 굳이 시풍이나 전개하는 방식을 따지자면 '자기 표절'에 가까운 시다. 그런데도 이번에 다시 끄집어 온 것은 필자의 시풍이 워낙 사물 시에 치중한 서정에 강점이 있기 때문이다. 이 또한, 앞으로 필자가 어떻게 시를 쓸 것인지 방향성을 제시한 것이며, 앞으로 시풍의 변화를 심각하게 고민하는 부분

이기도 하다. 이런 시의 유형은 아래 대부분 시에서도 잘 나타난다.

사랑도 고집도 드센/방황했던 스무 살 무렵/빈 가슴 속에 나붓댄/바람기입니까//아니면/서걱거리는 달빛을 기다리다 지쳐/잠 못 이룬/그리움입니까//

- 숲의 유혹(불면증)」 부분

꽃소식은 당당 멀었고/어젯밤 쏟아진 별똥별 무리/하늘로 돌아가지 못하고/바짝 물오른 개나리 우듬지 끝/노랑 엽서 한 장 달랑/입에 물고/포로시//매달려 있다//

- 「위험한 입춘」 부분

때 이른 꽃샘추위/막 꽃대를 올린 자목련/파르르 떨고 있다//기어코/하혈을 하였는지/붉은 꽃물 흥건하다//그 모습에 놀라/어젯밤 힘들게/잉태한 봄//허공에 퉁퉁 부은/바람 한 점/인질로 붙들어 놓고/천 리 길을 되돌아갔다//

- 「난춘(難春)」 부분

3. 나가기
    - 그리고 앞으로 시적(詩的) 방향

지금까지 열한 번째 시집 『낙타경』의 배경과 내용의 면면을 간단하게 살펴보았다. 서두에서 말했듯이 자기 시에 대한 '평론'이나 '평설'이라기보다는 시작詩作 정도로 보아도 무방하다.

 이번 시집에서도 어김없이 독자의 시선은 서정의 끈에 묶여 한 발자국도 나가지 못한 것은 아닌지 걱정된다. 이렇게 지독한 서정적 한계를 벗어나지 못한 것은 아집 때문인지도 모르겠다. 그 아집은 정신적 군살이라 했다. 이에 따라 사람이나 사물 그리고 시적 대상을 보는 것도 차별적이고 애증의 폭이 크다는 것도 스스로 잘 알고 있지만, 이번 시집 역시 변화를 주저한 것은 갑작스러운 시풍이나 시류의 변화로 그나마 필자만의 강점인 서정적 감각을 잃어버릴지 모른다는 두려움 때문이다.
 다만 앞으로는 지금까지의 사물적 서정을 벗어나, 관념과 타협을 통한 보편적 가치의 실현 그리고 시적 공간을 더욱 확대하여야 한다. 아픔이나 상처는 너그럽게 수용하는 대신, 연민과 함께 훈훈한 일정의 체온을 퍼담아, 자신뿐만 아니라 타인의 삶에도 관심을 기울이고 더욱 따뜻한 시선으로 바라보아야 한다. 희망적 흔적이 가득하도록 시적 대상을 폭넓게 조망하여 지금의 한계를 극복하는 변화를 기대해도 될 것이다.

 끝으로, 필자가 입버릇처럼 말해 온 '시를 통해 해탈을 꿈꾸고, 문학으로 세상을 바꾸고 싶다'는 바람은, 결국 시를 쓰는 행위 자체가 살아온 삶과 앞으로의 시간을 되돌아보는 깊은 반성과 성찰의 과정이자, 올바르고 정직한 세상을 향한 지향에서 비롯된 것이다. 비록 시가 내 삶을 완전히 구원하지는 못하더라도, 결코 비겁하게 살지 않겠다는 다짐을 담은 나만의 '경전經典'인 셈이다.

 ※해설 내용 중 일부는 필자의 2025년 한국문학상 평론 부분 신인상 작품을 인용하였습니다.

낙타경

초판인쇄 | 2025년 9월 5일
초판발행 | 2025년 9월 10일
지 은 이 | 김정호
펴 낸 곳 | 빛남출판사
등록번호 | 제 2013-000008호
주   소 | 부산시 사하구 감천로21번길 54-6
         T.(051)441-7114   E-mail.wmhyun@hanmail.net

ISBN 979-11-94030-23-2(03810)

값 12,000원.

* 이 시집은 2025년 부산광역시, 부산문화재단 〈부산문화예술지원사업〉의 지원을 받아 제작하였습니다.